Karwa Chauth Vrat

Illustrations: Sujata Saha

Publisher: DivineBharat

For permissions, bulk orders, or other inquiries, please contact:

info.divinebharat@gmail.com

www.divinebharat.co

ISBN: 978-93-343-4822-4

Designed, Illustrated, and Edited by Sujata Saha

Published by DivineBharat

CONTENTS

Introduction

Karwa Chauth, also called **Karak Chaturthi**, is observed on the **Chaturthi tithi of Krishna Paksha in the Kartik month** as per the North Indian lunar calendar. In other regions following the Amanta system—such as Maharashtra, Gujarat, and parts of South India—the fast is observed in the month of Ashwin. Despite this difference in calendar terminology, the **observance date remains the same across India**. While Karwa Chauth is most widely observed in **Punjab, Haryana, Delhi, Rajasthan, and Uttar Pradesh**, similar observances exist across the country under different names and customs. In Maharashtra and southern India, **Sankashti Chaturthi** for Lord Ganesha is observed on the same day. In Gujarati and Maharashtrian traditions, **Vakratunda Sankashti Chaturthi** is observed, where devotees worship the curved trunk form of Lord Ganesha. Some even combine both fasts. **Sankashti Chaturthi**, the day devoted to **Lord Ganesha**, and involves fasting without food or even a drop of water (Nirjala Vrat) from **pre-sunrise (Brahmamuhurta)** until the **moonrise**. It is one of the most intense and spiritually powerful fasts kept by married Hindu women, praying for the **health, prosperity, and longevity of their husbands**. In the South, though Karwa Chauth isn't widely celebrated in its traditional northern form, the rising influence of television and social connectivity has spread awareness of this beautiful custom. Women from other communities increasingly participate, adapting it with regional flavors.

The term "Karwa Chauth" is composed of two words: *Karwa*, meaning a small earthen pitcher (with a spout), and *Chauth*, meaning the fourth day as this festival falls on the **Krishna Paksha Chaturthi**—the fourth day of the waning moon—in the Hindu month of Kartik. The *Karwa* symbolizes the sacredness of the offering vessel, used during evening rituals to make an *Arghya*—a symbolic water offering to the moon god. Over time, the vessel became symbolic of the tradition itself. The Karwa or Karak—the earthen vessel—is highlighted as a necessary item for puja and charity. Offering *Arghya* (water) to the moon represents purification, peace, and the acknowledgment of celestial order. The fast ends with a glimpse of the moon through a sieve or water vessel, signifying purity of vision and heart. The fast is called *nirjala*—a complete abstinence from both food and water—from sunrise to moonrise.

The significance of Karwa Chauth is also recognized in traditional Hindu religious texts such as the **Dharmasindhu**, **Nirnayasindhu**, and **Vratraj**, where it is referred to as **Karak Chaturthi**. These texts describe the puja vidhi, lunar importance, and rules regarding who may observe the fast. They clearly state that the fast is meant for married women, to bring health, prosperity for sons, and grandchildren, and safeguard the everlasting well-being of the family. Over time, the observance of Karwa Chauth evolved from a community ritual to a deeply personal yet publicly celebrated fast. It is no longer limited by geography or lifestyle. The enduring popularity of Karwa Chauth lies in its symbolism, aesthetics, community spirit, emotional depth, and devotional strength. It's a festival of love as much as it is a festival of prayer.

Items Required

1. Sargi (Pre-Dawn Meal by Mother-in-Law)

This thali has a melange of gifts, clothes, and traditional sweet and savory delicacies to be consumed before sunrise and offered lovingly by the mother-in-law to the daughter-in-law.

- Dry Fruits: Almonds, cashews, raisins, dates, walnuts
- Fresh Fruits: Banana, apple, pomegranate, seasonal fruits
- Sweets: Pheni, halwa, or any homemade sweet
- Cooked Items: Parathas, poori, sabzi (as per family tradition)
- Coconut Water or Milk: For hydration before the fast begins
- Mattha or Buttermilk: Optional, to cool the stomach
- Sindoor & Chunni (included in the thali)
- Sargi Thali: A decorated plate to serve Sargi

2. Baya Set (Gift Offering to Mother-in-Law or Elder Woman)

Baya is a traditional offering and a vital aspect of the ritual.

- Saree or Traditional Garment: For the mother-in-law

- Dry Fruits: Packed nicely in a container
- Sweet Box: Ladoo, barfi, or traditional mithai
- Cosmetics Set (Shringar Samagri): Including bangles, bindis, sindoor, alta, mehendi cone,sari,bichiya/payal/ jwellery etc.
- Utensil (Lota or Steel Container): Sometimes included in baya
- Money (Shagun): As per family custom
- Gift Wrapper or Tray: Decorated nicely to present the baya items

3. Solah Shringar (Sixteen Adornments of a Married Woman)

Although not ritual items per se, these are significant for the Karwa Chauth look and devotion.

1. Sindoor
2. Mangalsutra
3. Bangles (Chudi)
4. Earrings (Jhumka)
5. Necklace
6. Nose Ring (Nath)
7. Bindi
8. Anklets (Payal)
9. Toe Rings (Bichiya)
10. Finger Rings (Angoothi)
11. Hair Ornament (Maang Tikka)
12. Kajal (Kohl)
13. Henna (Mehendi)
14. Armlet (Bajuband)

15. Waistband (Kamarband)
16. Perfume or Gajra (Flower Garland)

4. **Puja Items** (For Evening Rituals)

- **Kalash** (Sacred Water Pot): Often used in combination with mango leaves and coconut. It is flled with warter, **akshat** and a coin.
- Incense Sticks and Dhoop: For fragrance and purifying the space
- Matchbox
- Haldi (Turmeric): Mixed with water or used separately for rangoli and pot decoration.
- Ganga Jal (Holy Water): If available, used for purification of puja space after setup.
- Betel Leaves & Betel Nuts (Paan-Supari): Considered auspicious offerings to deities.
- Mirror and Comb: Sometimes included as symbolic items of shringar for karva mata.
- Puja Asan or Mat: To sit on during the puja
- Goddess Parvati/Gaura Mata **Image** or **Idol**.
- Chunri is put on the idol or photo.
- Karva chauth **vrat katha book**
- Decorated Steel/Brass Thali- [For **karva ferna** in group puja (passing thali from keft to right to women sitthing in circle) or in the puja asana (if devotee is performing puja alone) And for Arghya (For puja and Moon Offering and Fast-Breaking)]. It contains:

1.Karwa (Clay or Metal Pot):

Filled with water and decorated; offered during puja and used for Arghya to the moon.Containing water ,akshat,haldi,sindoor, a coin,flower petals.close the lid. Put aksat, Fruits,sweet over it.

2.Channi (Sieve): For viewing the moon and husband's face during the final ritual
3.Akshat (Raw Rice Grains): Used as offering during rituals
4.Roli (Red Powder): For applying tilak and worship.
5.Sindoor
6.Turmeric
7.Sandalwood Paste (Chandan): For applying on idols or symbolic images
8.Moli (Sacred Red Thread): For tying during the sankalp or as a wrist band
9.Aarti Diya : With 4 bati .For performing aarti of the moon and husband
10.Camphor: Used in the final aarti for divinity and purification
11.Flowers: Fresh flowers like marigold or rose for offerings
12.Puja Bell (Ghanti): For aarti and invoking blessings
13.Red Cloth or Chunni: Worn during moon viewing and aarti
14.Sweet (Mishri or Kheer)
15.Mathri or Namkeen Snacks: Sometime offered to Chauth Mata

16. Glass of Water
17. Bindi, Bangles, Silver Karwa or Ornament (In some homes, a silver item is gifted or used in puja)
18. Dry fruits

Puja Vidhan (Guidelines)

1. Morning Rituals and Sankalp (Before Sunrise)

1. Early Morning Bath: Women wake up before dawn, bathe, and wear fresh traditional clothes.
2. **Sargi**: Given by the mother-in-law, it includes pheni (vermicelli), fruits, dry fruits, sweets, coconut, and milk-based items. It must be eaten before sunrise.
3. **Sankalp** (Pledge): After sargi, women take a vow to observe nirjala vrat (without food or water) for the wellbeing and long life of their husband and family. The woman takes water announces her intention to observe the fast sincerely and with devotion.Chant **Sankalp Mantra**.

2. Devotional Preparations (Shringar & Puja Setup)

As the day progresses, women engage in various devotional preparations:

- Adorning themselves with Solah Shringar
- Applying mehendi (henna) to hands and feet
- Decorating the puja thali
- Arranging the bayaa thai

• **Karwa Dharna** : Prepare puja space Make a panel on the wall of the home temple using geru (red ochre), and draw the image of the Karwa using ground rice paste. This ritual is called Karwa Dharna. In the evening, place a picture of Mother Parvati and Lord Shiva on a wooden platform, preferably one where Lord Ganesha is seated in the lap of Mother Parvati. Using roli (red sacred powder), and turmeric paste 13 dots are made with on the pooja place.

3. Gaura Mata & Chauth Mata Worship
(It can be done individually in home or in group)

Fill a plain karwa with water a **satya** (swastika symbol) is drawn on the karwa Then, worship Lord Ganesha Goddess Parvati along with and Lord Shiva , Kartikeya ,Chandra Dev.

4.Vrat katha Ritual

After the puja, the Karwa Chauth **Vrat Katha** (legend) is narrated. Women take 13 grains of wheat in their hand while listening to the story.

- Women form a circle, each with a decorated thali.
- The Baya thalis are rotated clockwise among the women.

- While passing the thalis, traditional Karwa Chauth songs are sung.
- The elder lady or priestess narrates the Karwa Chauth Vrat Katha.

This symbolic exchange of bayaa among women is a gesture of community support and respect for elders.

5.Giving of Baya

Traditionally after puja the baya is given to the mother-in-law (saas) by the daughter-in-law (bahu).

- If the mother-in-law is not present, it can be symbolically offered to an elder suhagan woman or placed before the deity with prayers.
- In some regions, the Brahmin or eligible married woman is also given a symbolic part of the baya as daan.

6.Moonrise Ritual (Chand Puja)

As the moon rises, women go outside with their karwa, thali, and sieve.

- View the moon through metal channi keeping a lighted diya in its rim.
- Offer **Arghya** (water/milk) to the moon from the karwa. Leave some water in karva for next ritual. Offer sweet and fruits to Moon God.

- Pray to moon God and Chant the **moon offering mantra.**
- Then view husband trough same channi.
- Husband gives first sip of water and sweet to break the fast.
- Women touch the feet of husbands and elders for blessings.
- The couple then prays together for happiness and protection.
- A celebratory meal is served, symbolizing the completion of vrat.

7.After Puja Ritual

Karwa should be given as charity to the Brahmin or some eligible woman.
In many parts of India, women dance, sing Karva Chauth songs, and celebrate the tradition with zeal.
By observing this fast with sincerity, performing the puja with devotion, and listening to the vrat katha with faith, every suhagan invokes divine blessings for her husband's long life, health, and prosperity.

Sankalp Mantra

Mama sukhasaubhagya putrapautradi susthira
shri praptaye karaka chaturthi vratam aham karishye II

(meaning- For the joy, good fortune, well-being of sons and grandsons, and unbroken prosperity, I undertake this sacred fast of Karak Chaturthi)

Puja ke Mantra

Shri Ganesh Mantra
Om Ganeshaya Namah

Parvatiji Mantra
Om Shivayai Namah

Shiv Mantra
Om Namah Shivaya

Swami Kartikeya Mantra
Om Shanmukhaya Namah

Chandrama Poojan Mantra
Om Somaya Namah

Chakkar Ke Geet

(Thali Rotation Songs sung in punjab. it is optional)

(For the first six rotations):

Lai veero kudiye Karwada,
Lai sarv suhagan Karwada.
Lai Karwada vataaiye,
Jivanda jholi paaiye.
Ae katti na ateri na,
Ghum charkhada feri na.
Vaan pair paaee na,
Sui ch dhaaga paaee na.
Ruthda manaai na,
Sutda jagai na.
Bhain pyaari veeraan,
Chann chadhe te paani peena.
Lai veero kudiye Karwada,
Lai sarv suhagan Karwada.

(For the seventh rotation):

Lai veero kudiye Karwada,
Lai sarv suhagan Karwada.
Lai Karwada vataaiye,
Jivanda jholi paaiye.
Katt lai, ater lai,
Ghum charkhada feri lai.
Vaan pair paaee lai,
Sui ch dhaaga paa lai.
Ruthda mana lai,
Sutda jaga lai.
Bhain pyaari veeraan,
Chann chadhe te paani peena.
Lai veero kudiye Karwada,
Lai sarv suhagan Karwada.

A.Karwa Chauth Mata Ki Katha

Ek baar ki baat hai. Ek sahukaar ke saat bete aur ek beti thi. Beti ka vivaah ho chuka tha. Beti apne mayke mein aayi thi. Beti ka naam Karwa tha. Saato bhai apni is iklauti Karwa bahan se bahut gehra prem karte the. Apni bahan ka poora dhyaan rakhte the.
Jab Karwa mayke mein aayi hui thi to ek din shaam ko sabhi bhojan karne ke liye baithe. Kartik maas, Krishna paksh ki Chaturthi tithi thi. Atah ghar mein sahukaar ki sabhi bahuon ne aur sahukaar ki beti Karwa ne Chaturthi/ Chauth ka vrat rakha hua tha.
Jab sahukaar ke sabhi bete bhojan ke liye baithe to unhone apni bahan ko bhojan karne ke liye kaha. Bhaiyon ka bhojan karne ke liye bulane par bahan ne kaha – Bhai, abhi chaand nahi aaya hai. Jab chaand aa jaayega tab main chaand ko arghya dekar vrat poora karke hi bhojan karoongi.

Karwa ke aisa kehne par bhaiyon ko chinta hui ki bahan bhookhi hai aur abhi chaand bhi nahi aaya hai. Aise mein saat bhaiyon mein se sabse chhota bhai baahar kisi door ke ped par jaakar usmein agni jalaakar usmein ek chhalni lagakar bahan ke paas aaya aur bahan ko kehne laga – Dekho bahan chaand aa gaya hai. Ab khaana kha lo.

Bahan ne apni bhabhiyon ko bhi kaha – Bhabhi dekho chaand nikal aaya hai. Ab aap log bhi arghya dekar vrat poora karke bhojan kar lo. Bhabhiyon ne nanad Karwa ki baat sunkar kaha – Nanad, ye chaand tumhara aaya hai. Hamara nahi. Aisa kehne ke baad Karwa akele hi bhojan karne ke liye baith jaati hai aur jaise hi bhojan ka pehla graas apne munh mein leti hai to use chheenk aa jaati hai. Doosra graas munh mein leti hai to usmein baal nikal jaata hai. Iske baad jaise hi bhojan ka teesra graas munh mein lene ko hoti hai to usi samay uske sasuraal se nyota aata hai ki uske pati ka swaasthya bahut kharaab hai. Vah sheeghr pati ko dekhne sasuraal aa jaaye. Iske baad uski bhabhi use sachchai bataati hai ki uske saath aisa isliye hua kyunki usne Karwa Chauth ka vrat tod diya tha. Uske bhaiyon ne agni jalaakar jhooth kaha ki chaand nikal gaya aur usne sach maan kar apna vrat tod diya. Isi kaaran uska pati beemar hua. Sachchai jaanne ke baad jab Karwa apne sasuraal ko jaati hai aur yah pratigya karti hai ki main apne pati ko kuch nahi hone doongi.

Durbhaagyavash, jab Karwa apne sasuraal pahunchti hai to uska pati praan chhod chuka hota hai. Pati ke praan chale jaane par Karwa apne dukh ko sahan nahi kar paati hai aur sabse kehti hai ki main apne pati ka antim sanskaar nahi hone doongi. Main apne pati se door nahi reh sakti. Main ek pativrata hoon aur satitva ki shakti se apne pati ke praanon ko wapas laungi.
Karwa ki in baaton ko sunkar sab use paagal-paagal kehne lagte hain aur Karwa ke pati ko shmashaan mein antim sanskaar ke liye le jaate hain. Karwa bhi apne hath aur pati ke viyog mein shmashaan mein chali jaati hai aur wahan sabko apne pati ki chita jalaane se inkaar karti hai.
Karwa ki baar-baar zid karne par sabhi parivaarik log Karwa ki baat maan lete hain aur Karwa ke pati ka antim sanskaar nahi karte hain. Sab ghar chale jaate hain. Karwa apne mrt pati ko lekar door kahin ek jhopdi mein rehne lagti hai aur apne pati ko jeevit karne ke liye Bhagwan ki pooja, vrat aadi karne lagti hai. Ek saal beet jaata hai.

Karwa usi din ka intezaar karti hai jab usne apne mayke mein Chaturthi ka vrat toda tha. Ek varsh beetne ke baad jab phir se wahi Kartik maas ki Chauth

(Chaturthi) ka din aata hai to Karwa apne pati ke praanon ke liye nirjala Karwa Chauth ka vrat rakhti hai. Karwa apne pati ko punarjivit karne ke liye Maa Jagdamba se prarthana karti hai ki mere pati ke praanon ko wapas laayein. Mujhe mera suhaag wapas lautayein.
Jab Karwa ka yah vrat poora hone ko hota hai to uske vrat se Maa prasann ho jaati hain aur use kehti hain ki yadi tum apne pati ke praanon ko wapas paana chahti ho to apni sabse chhoti bhabhi ke paas jaao. Wahi tumhare pati ke praanon ko wapas laa sakti hai kyunki Karwa ka vrat todne ka kaaran uska sabse chhota bhai hi tha. Usi ne ped par agni jalaakar bahan ko jhooth kaha tha ki chaand aa gaya hai.
Atah Karwa apni sabse chhoti bhabhi ke paas jaati hai aur unke paav ko pakadkar kehne lagti hai ki mujhe mera suhaag wapas dilwa do. Baar-baar kehne se Karwa ki bhabhi apni chhoti ungli ko cheerkar usse rakt amrit nikaalti hai aur Karwa ke pati ke munh mein daalti hai. Aisa karne par Karwa ka pati – "Jai Ganesh, Jai Gauri, Jai Ganesh, Jai Gauri" kehta hua punarjivit ho jaata hai. Is prakar Bhagwan ki kripa se Karwa ka pati wapas aa jaata hai. Tab Karwa Maa Gauri se prarthana karti hai ki –

"Hey Maa Gauri, jis prakar aaj aapne is Karwa ko phir se suhaagan banaya aur chir suhaag ka vardaan diya, theek usi prakar hey Maa! Sabhi striyon ko suhaagan ka vardaan mile."

B.Veeravati ki Kahani

Bahut samay pehle Indraprasthapur ke ek shahar mein Vedsharma naam ka ek braahman rehta tha. Vedsharma ka vivaah Leelavati se hua tha jisse uske saat mahaan putra aur Veeravati naam ki ek gunvaan putri thi. Kyunki saat bhaiyon ki Veeravati keval ek akeli behan thi, isliye vah apne mata-pita ke saath-saath apne bhaiyon ki bhi laadli thi.

Jab vah vivaah ke layak ho gayi tab uski shaadi ek uchit braahman yuvak se hui. Shaadi ke baad Veeravati jab apne mata-pita ke yahan thi tab usne apni bhaabiyon ke saath pati ki lambi aayu ke liye Karwa Chauth ka vrat rakha. Karwa Chauth ke vrat ke dauraan Veeravati ko bhukh sahan nahi hui aur kamzori ke kaaran vah moorchhit hokar zameen par gir gayi.

Sabhi bhaiyon se unki pyaari behan ki dayaneey sthiti sahan nahi ho rahi thi. Ve jaante the ki Veeravati jo ki ek pativrata naari hai, chandrama ke darshan kiye bina bhojan grahan nahi karegi chahe uske praan hi kyon na nikal jaayein. Sabhi bhaiyon ne milkar ek yojana banaayi jisse unki behan bhojan grahan kar le. Unmein se ek bhai kuch door vat ke vriksh par haath mein chhalni aur deepak lekar chadh gaya. Jab Veeravati moorchhit avastha se jaagi to uske baaki sabhi bhaiyon ne usse kaha ki chandroday ho gaya hai aur use chhat par chandrama ke darshan karane le gaye. Veeravati ne kuch door vat ke vriksh par chhalni ke peeche deepak ko dekh vishvaas kar liya ki chandrama vriksh ke peeche nikal aaya hai. Apni bhukh se vyakul Veeravati ne sheeghr hi deepak ko chandrama samajh arghy arpan kar apne vrat ko toda.

Veeravati ne jab bhojan karna prarambh kiya to use ashubh sanket milne lage. Pehle kaur mein use baal mila, doosre mein use chheenk aayi aur teesre kaur mein use apne sasural walon se nimantran mila. Pehli baar apne sasural pahunchne ke baad usne apne pati ke mrut sharir ko paaya.

Apne pati ke mrut sharir ko dekhkar Veeravati rone lagi aur Karwa Chauth ke vrat ke dauraan apni kisi bhool ke liye khud ko doshi thahrane lagi. Vah vilaap karne lagi. Uska vilaap sunkar Devi Indrani jo ki Indra devta ki patni hain, Veeravati ko saantvana dene ke liye pahunchi.

Veeravati ne Devi Indrani se poochha ki Karwa Chauth ke din hi uske pati ki mrityu kyon hui aur apne pati ko jeevit karne ki vah Devi Indrani se vinati karne lagi. Veeravati ka dukh dekhkar Devi Indrani ne usse kaha ki usne chandrama ko arghy arpan kiye bina hi vrat ko toda tha jiske kaaran uske pati ki asamayik mrityu ho gayi. Devi Indrani ne Veeravati ko Karwa Chauth ke vrat ke saath-saath poore saal mein har maas ki Chauth ko vrat karne ki salah di aur use aashvasit kiya ki aisa karne se uska pati jeevit laut aayega.

Iske baad Veeravati sabhi dharmik kriyaon aur maasik upvaas ko poore vishvaas ke saath karti rahi. Ant mein un sabhi vraton se mile punya ke kaaran Veeravati ko uska pati punah prapt ho gaya.

Karwa Chauth Aarti

Om Jai Karwa Maiya,
Mata Jai Karwa Maiya.
Jo vrat kare tumhara,
paar karo naiya.
Om Jai Karwa Maiya.
Sab jag ki ho Mata,
tum ho Rudrani.
Yash tumhara gaavat,
jag ke sab prani.
Om Jai Karwa Maiya.
Kartik Krishna Chaturthi,
jo naari vrat karti.
Deerghayu pati hove,
dukh saare harti.
Om Jai Karwa Maiya.

Moon Offering Mantra

Karakam ksheerasampoornam
toyapoornamathaapi vaa
Dadaami ratnasamyuktam
chiranjeevatu me patih

(Meaning- I donate this Karwa filled with milk and adorned with jewels, so that my husband lives long and prospers.)

Or say in simple words with devotion.

"Hey Chandra Dev, jaise aap akhand hain, waise hi mera suhaag bhi akhand rahe."

9 789334 348224